REICH DURCH
MINIMALISMUS

Minimalismus als Schlüssel zur finanziellen Freiheit

Einleitung

Stell dir vor, du wachst eines Morgens auf, und statt von einem übervollen Kleiderschrank, einem vollgestopften Kalender und einer langen Liste von Rechnungen überwältigt zu sein, wirst du von einem Gefühl der Freiheit begrüßt. Du öffnest deinen Schrank und findest nur die Kleidung, die du wirklich liebst und regelmäßig trägst. Dein Kalender ist übersichtlich, gefüllt mit Terminen, die dir Freude bereiten, und die monatlichen Ausgaben sind auf das Wesentliche reduziert. Das mag wie ein Traum klingen, aber dieser Traum kann zur Realität werden – durch Minimalismus. Minimalismus ist weit mehr als nur ein Trend oder eine Modeerscheinung. Es ist eine kraftvolle Lebensweise, die es dir ermöglicht, den Ballast überflüssiger Dinge abzuwerfen und dich auf das zu konzentrieren, was wirklich zählt. Es geht nicht nur darum, weniger zu besitzen, sondern vielmehr darum, mehr zu gewinnen: Mehr Zeit, mehr Freiheit, mehr Geld und – vielleicht das Wichtigste – mehr Zufriedenheit.

In diesem Buch erfährst du, wie du durch Minimalismus nicht nur dein Leben vereinfachen, sondern auch deinen Geldbeutel erheblich aufbessern kannst. Der Gedanke daran, dass weniger tatsächlich mehr sein kann, mag zunächst paradox erscheinen. Doch was wäre, wenn ich dir sage, dass du durch das Streichen unnötiger Ausgaben jährlich Tausende Euro sparen könntest? Stell dir vor, was das für dein Leben bedeuten würde: Ein Schuldenfreies Leben, die Möglichkeit, mehr Geld zu sparen oder zu investieren, und vielleicht sogar früher in den Ruhestand zu gehen.

Der Wahre Wert des Minimalismus
Lass uns ehrlich sein: Wir leben in einer Welt, die uns ständig sagt, dass wir mehr brauchen, um glücklich zu sein. Mehr Kleidung, mehr Elektronik, mehr Abonnements, mehr alles. Aber wie oft hast du dich schon dabei ertappt, wie du nach dem neuesten Gadget oder dem fünften Paar Schuhe gegriffen hast, nur um kurze Zeit später festzustellen, dass es dich nicht wirklich glücklicher macht? Was wäre, wenn du all das hinter dir lassen und stattdessen ein Leben führen könntest, das von Klarheit und Zielstrebigkeit geprägt ist?
Das Besondere an Minimalismus ist, dass er nicht nur dein physisches Umfeld ordnet, sondern auch deine Finanzen revolutioniert.

In einer Welt, in der die meisten Menschen von Gehaltsscheck zu Gehaltsscheck leben, bietet dir Minimalismus die Möglichkeit, finanziell die Oberhand zu gewinnen. Indem du bewusste Entscheidungen triffst, kannst du Tausende von Euros jährlich sparen. Und das ist nicht übertrieben.

Ein Blick auf die Zahlen: Sparen mit Stil

Stell dir vor, du könntest deine Wohnkosten halbieren, indem du dich für einen kleineren, aber gemütlicheren Wohnraum entscheidest. Oder du reduzierst deine Lebensmittelkosten drastisch, indem du einfache, gesunde und zugleich günstige Mahlzeiten wählst. Denk mal darüber nach: Wenn du deine Transportkosten senkst, indem du dein Auto verkaufst und auf öffentliche Verkehrsmittel umsteigst, oder vielleicht sogar das Fahrrad zu deinem Hauptverkehrsmittel machst, wie viel Geld bleibt dann plötzlich am Monatsende übrig?
Und das ist erst der Anfang. Indem du den Konsum von Überflüssigem reduzierst und dich auf hochwertige, langlebige Produkte konzentrierst, kannst du nicht nur deine monatlichen Ausgaben senken, sondern auch weniger Müll produzieren und einen Beitrag zur Umwelt leisten.

Der finanzielle Vorteil? Du könntest innerhalb eines Jahres bis zu 12.000 Euro oder mehr sparen! Und das alles ohne das Gefühl zu haben, auf etwas zu verzichten – im Gegenteil, du wirst erleben, wie dein Leben an Qualität gewinnt.

Stell dir vor, du würdest über die nächsten zehn Jahre hinweg diesen Betrag Jahr für Jahr sparen. Das sind 120.000 Euro, die du für Investitionen, eine frühzeitige Tilgung deines Eigenheims oder eine Reise um die Welt verwenden könntest. Und wenn du dieses Geld klug anlegst, könnte es noch mehr werden.

Werde Reich durch Minimalismus

Dieses Buch ist dein Wegweiser in ein einfacheres, erfüllteres und finanziell sorgenfreies Leben. Es zeigt dir, wie du mit weniger mehr erreichen kannst – mehr Ersparnisse, mehr Freiheit und mehr von dem, was dir wirklich wichtig ist. Sei bereit, deine Vorstellung davon, was Reichtum bedeutet, zu revolutionieren. Denn Reichtum ist nicht nur das, was auf deinem Bankkonto liegt, sondern auch die Freiheit, dein Leben nach deinen eigenen Vorstellungen zu gestalten.

Lass uns gemeinsam auf eine Reise gehen, die dir zeigt, wie du durch Minimalismus nicht nur finanziell reich, sondern auch innerlich erfüllt wirst. Es ist an der Zeit, die Fesseln des übermäßigen Konsums abzulegen und ein Leben voller Fülle und Wohlstand zu führen. Bist du bereit? Dann lass uns beginnen!

1. Was ist Minimalismus?

Minimalismus ist eine Lebensphilosophie, die darauf abzielt, Überflüssiges zu eliminieren und sich auf das Wesentliche zu konzentrieren. Es geht darum, bewusster zu konsumieren, materielle Güter zu reduzieren und mehr Wert auf Erlebnisse, Beziehungen und innere Zufriedenheit zu legen. Minimalismus bedeutet nicht, in völliger Askese zu leben, sondern bewusste Entscheidungen darüber zu treffen, was wirklich notwendig ist und was nicht. Diese bewusste Reduktion kann auf verschiedene Lebensbereiche angewendet werden – von Besitztümern über Wohnverhältnisse bis hin zu Ernährung und Konsumverhalten.

Sparbeispiel:

Durch den Verzicht auf unnötigen Besitz und das Reduzieren deines Haushalts auf das Wesentliche kannst du beispielsweise vermeiden, ständig neue Aufbewahrungslösungen oder Möbel zu kaufen. Das führt zu Einsparungen von mehreren hundert Euro pro Jahr, da du nicht ständig Dinge ersetzen oder zusätzlichen Stauraum schaffen musst.

2. Minimalismus und Wohnverhältnisse

2.1. Wohnen auf kleinem Raum

Eine der ersten Veränderungen, die Minimalisten oft vornehmen, betrifft ihre Wohnverhältnisse. Ein großes Haus oder eine geräumige Wohnung mag zwar Komfort bieten, geht aber mit hohen Kosten einher – sei es durch Miete, Instandhaltung oder Energieverbrauch. Minimalisten entscheiden sich daher häufig für kleinere Wohnräume, die sie effizient nutzen.

Ein kleinerer Wohnraum bedeutet weniger Platz für unnötige Gegenstände, was dazu führt, dass man bewusster wählt, was man besitzt. Die geringeren Miet- oder Hypothekenkosten sowie niedrigere Nebenkosten machen diese Entscheidung finanziell attraktiv.

2.2. Tiny Houses und Micro-Apartments

Ein wachsender Trend im Minimalismus ist das Leben in Tiny Houses oder Micro-Apartments. Diese Wohnungen sind oft nicht größer als 20 bis 40 Quadratmeter, bieten aber dennoch alles, was man zum Leben braucht. Der Fokus liegt auf cleverer Raumnutzung und Multifunktionalität.

Finanzielle Einsparungen:

Miete und Kauf: Die monatlichen Wohnkosten können bei einem Tiny House oder einem Micro-Apartment oft um 50-70% niedriger sein als bei einer herkömmlichen Wohnung.
Instandhaltung: Weniger Fläche bedeutet auch weniger Ausgaben für Reinigung, Reparaturen und Instandhaltung.

Energie:

Kleinere Wohnräume erfordern weniger Heiz- und Stromkosten, was sich erheblich auf die jährlichen Ausgaben auswirkt.

Sparbeispiel:

Ein Umzug von einer großen Mietwohnung in eine kleinere, aber effizientere Wohnung könnte die monatliche Miete um 300-400 Euro reduzieren. Auf ein Jahr hochgerechnet, sparst du dadurch bis zu 4.800 Euro, ohne Abstriche an deiner Lebensqualität machen zu müssen.

Durch einen Umzug in eine kleinere Wohnung kannst du Miete und Nebenkosten sparen!

3. Minimalismus und Nachhaltigkeit

3.1. Reduzierter Konsum

Minimalismus geht Hand in Hand mit Nachhaltigkeit. Wer weniger konsumiert, produziert weniger Müll und schont damit die Umwelt. Das bewusste Reduzieren von Besitztümern und das Überdenken von Kaufentscheidungen sind zentrale Elemente des minimalistischen Lebensstils. Beispielsweise entscheiden sich Minimalisten häufig für qualitativ hochwertige und langlebige Produkte anstelle von günstigen Wegwerfartikeln. Das Ziel ist es, Dinge zu besitzen, die lange halten und möglicherweise sogar mehrfach verwendet oder weiterverkauft werden können.

3.2. Zero Waste und Minimalismus

Eine Bewegung, die eng mit dem Minimalismus verknüpft ist, ist Zero Waste. Hierbei geht es darum, den eigenen Müll auf ein Minimum zu reduzieren. Dies bedeutet, Produkte ohne Verpackung zu kaufen, wiederverwendbare Behälter zu nutzen und generell darauf zu achten, möglichst wenig Abfall zu produzieren.

Eine echtes Stück Seife reinigt genau so gut wie Flüssigseife, hält länger und ist günstiger!

Durch die Kombination von Minimalismus und Zero Waste kann man nicht nur die Umwelt schützen, sondern auch Geld sparen. Weniger Einwegartikel zu kaufen, weniger Lebensmittel zu verschwenden und bewusst zu konsumieren, hat unmittelbare finanzielle Vorteile.

Finanzielle Einsparungen:

Weniger Müll:
Durch reduzierte Müllproduktion sparen Minimalisten Müllgebühren und Ausgaben für Einwegprodukte.

Bewusster Konsum:
Langfristige Investitionen in nachhaltige Produkte können hohe Folgekosten vermeiden und die Ausgaben insgesamt reduzieren.

Sparbeispiel:

Der Umstieg auf langlebige, wiederverwendbare Produkte, wie zum Beispiel Edelstahlflaschen statt Einwegplastikflaschen, spart auf lange Sicht nicht nur Geld, sondern reduziert auch deinen ökologischen Fußabdruck. Ein einfacher Wechsel könnte dir 100 Euro pro Jahr sparen, indem du nicht ständig neue Flaschen kaufen musst.

4. Minimalismus und Ernährung

4.1. Einfach und gesund essen

Minimalisten streben danach, auch ihre Ernährung zu vereinfachen. Das bedeutet nicht nur, weniger Geld für Essen auszugeben, sondern auch bewusster und gesünder zu essen. Eine einfache, pflanzenbasierte Ernährung, die auf frischen, unverarbeiteten Lebensmitteln basiert, ist oft günstiger und gesünder als eine Ernährung, die auf verarbeiteten und teuren Fertigprodukten beruht. Indem man weniger isst, aber dafür qualitativ hochwertigere Lebensmittel kauft, kann man langfristig seine Gesundheit verbessern und gleichzeitig Geld sparen.

4.2. Selbstversorgung und Minimalismus

Ein weiterer Aspekt ist die Selbstversorgung. Minimalisten, die Zugang zu einem Garten oder einem Balkon haben, nutzen oft die Möglichkeit, eigene Lebensmittel anzubauen. Selbst kleine Gemüse- oder Kräutergärten können dazu beitragen, die Ausgaben für Lebensmittel zu senken und gleichzeitig eine frische, nachhaltige Ernährung zu fördern.

Obst und Gemüse aus dem eigenen Garten, von Streuobstwiesen oder auch von schon abgeernteten Kartoffelfeldern kostet etwas Zeit aber schont den Geldbeutel!

Finanzielle Einsparungen:

Lebensmittelkosten:

Eine einfache, pflanzenbasierte Ernährung kann die Ausgaben für Lebensmittel um bis zu 30% reduzieren.

Gesundheitskosten:

Eine gesunde Ernährung führt zu weniger Arztbesuchen und Medikamentenkosten.

Sparbeispiel:

Indem du auf verarbeitete Lebensmittel verzichtest und hauptsächlich frische, unverarbeitete Zutaten verwendest, kannst du deine monatlichen Lebensmittelkosten um 100-150 Euro senken. Das ergibt eine jährliche Einsparung von 1.200 bis 1.800 Euro, während du gleichzeitig gesünder isst.

5. Minimalismus und Zusatzkosten

5.1. Überflüssige Abonnements und Mitgliedschaften

Viele Menschen geben unnötig Geld für Abonnements und Mitgliedschaften aus, die sie selten oder gar nicht nutzen. Dazu gehören Fitnessstudio-Mitgliedschaften, Streaming-Dienste, Zeitschriften-Abos und vieles mehr. Minimalisten überprüfen regelmäßig ihre laufenden Kosten und kündigen überflüssige Abos, um ihre Ausgaben zu minimieren.

5.2. Digitalisierung und Minimalismus

Minimalisten nutzen oft digitale Lösungen, um Papierkram zu reduzieren und Platz zu sparen. Digitale Bücher, Filme und Musik ersetzen physische Medien, was nicht nur Platz spart, sondern auch günstiger ist. Zudem bietet das Internet unzählige kostenlose Ressourcen, die genutzt werden können, anstatt für teure Kurse oder Inhalte zu bezahlen.

Finanzielle Einsparungen:

Abonnements:
Das Reduzieren von Abonnements kann jährlich Hunderte von Euro einsparen.

Digitale Medien:
Durch den Umstieg auf digitale Medien können die Kosten für physische Bücher, DVDs oder CDs erheblich gesenkt werden.

Sparbeispiel:

Das Kündigen unnötiger Abonnements, wie etwa Streaming-Dienste, die du kaum nutzt, kann dir pro Monat 10-30 Euro sparen. Das bedeutet bis zu 360 Euro pro Jahr, die du für andere, wichtigere Dinge verwenden kannst.

6. Sparpotenzial durch Minimalismus: Einzelperson vs. Familie

In diesem Kapitel werden wir uns eingehend mit dem Sparpotenzial befassen, das Minimalismus sowohl für Einzelpersonen als auch für Familien bietet. Wir nehmen dabei als Grundlage eine alleinstehende Person mit einem Netto-Einkommen von 2.000 Euro monatlich, und betrachten, wie viel diese Person durch eine minimalistische Lebensweise jährlich und über zehn Jahre hinweg sparen kann. Anschließend erweitern wir die Betrachtung auf eine vierköpfige Familie.

6.1. Sparpotenzial für eine Einzelperson mit einem Netto-Einkommen von 2.000 Euro

Eine alleinstehende Person, die 2.000 Euro netto im Monat verdient, hat ein monatliches Budget von 2.000 Euro zur Verfügung. Traditionell würde ein Großteil dieses Einkommens für Wohnen, Lebensmittel, Transport, Freizeitaktivitäten und sonstige Ausgaben verwendet. Durch die Anwendung minimalistischer Prinzipien kann diese Person jedoch erhebliche Einsparungen erzielen. Lassen Sie uns die potenziellen Einsparungen in den wichtigsten Bereichen detailliert betrachten.

6.1.1. Wohnkosten

Wohnen ist in der Regel der größte Kostenfaktor im Budget einer Person. Nehmen wir an, die Person lebt derzeit in einer 50 Quadratmeter großen Mietwohnung in einer Stadt, was etwa 800 Euro Miete inklusive Nebenkosten kostet.
Minimalistische Alternative:
Umzug in eine kleinere Wohnung oder ein Tiny House von etwa 25-30 Quadratmetern könnte die Miete auf etwa 400-500 Euro pro Monat reduzieren.
Einsparung: 300-400 Euro pro Monat, das sind 3.600-4.800 Euro pro Jahr.

6.1.2. Lebensmittel

Eine durchschnittliche Person gibt etwa 300-400 Euro pro Monat für Lebensmittel aus. Dies beinhaltet oft teure, verarbeitete Lebensmittel und regelmäßige Restaurantbesuche.
Minimalistische Alternative:
Durch eine bewusste, einfache und pflanzenbasierte Ernährung können die Lebensmittelkosten auf etwa 200-250 Euro pro Monat reduziert werden.
Dies beinhaltet den Verzicht auf teure Convenience-Produkte, weniger Restaurantbesuche und die Zubereitung von Mahlzeiten zu Hause.
Einsparung: 100-150 Euro pro Monat, das sind 1.200-1.800 Euro pro Jahr.

6.1.3. Transportkosten

Viele Menschen besitzen ein Auto, was mit erheblichen Kosten verbunden ist – von der Versicherung über den Kraftstoff bis hin zu Reparaturen und Wartung. Nehmen wir an, diese Kosten betragen etwa 300 Euro pro Monat.

Minimalistische Alternative:

Verzicht auf ein eigenes Auto und Nutzung von öffentlichem Nahverkehr, Fahrrad oder Carsharing-Diensten.
Dies könnte die Transportkosten auf etwa 100 Euro pro Monat reduzieren.
Einsparung: 200 Euro pro Monat, das sind 2.400 Euro pro Jahr.

6.1.4. Freizeit und Unterhaltung

Viele Menschen geben erhebliche Summen für Freizeitaktivitäten, Unterhaltung, Abonnements und Reisen aus. Nehmen wir an, diese Person gibt dafür etwa 200 Euro pro Monat aus.
Minimalistische Alternative:
Reduktion der Ausgaben durch den Verzicht auf unnötige Abonnements, die Wahl kostengünstiger Freizeitaktivitäten und das bewusste Erleben von Natur und Kultur vor Ort.
Einsparung: 100-150 Euro pro Monat, das sind 1.200-1.800 Euro pro Jahr.

6.1.5. Kleidung und Konsum

Mode- und Konsumausgaben können schnell unkontrollierbar werden, besonders wenn man oft Kleidung, Elektronik oder andere Konsumgüter kauft. Diese Person könnte durchschnittlich 150 Euro pro Monat für solche Ausgaben verwenden.
Minimalistische Alternative:
Reduktion der Konsumausgaben durch das Kaufen hochwertiger, langlebiger Kleidungsstücke und Elektronik, die weniger oft ersetzt werden müssen. Einsparung: 100 Euro pro Monat, das sind 1.200 Euro pro Jahr.

Gesamteinsparungen:

Wohnkosten: 3.600-4.800 Euro pro Jahr
Lebensmittel: 1.200-1.800 Euro pro Jahr
Transport: 2.400 Euro pro Jahr
Freizeit und Unterhaltung: 1.200-1.800 Euro pro Jahr
Kleidung und Konsum: 1.200 Euro pro Jahr
Jährliche Gesamteinsparungen: 9.600 - 12.000 Euro
Über einen Zeitraum von zehn Jahren könnten diese Einsparungen 96.000 bis 120.000 Euro erreichen, ohne Zinseszinsen und potenzielle Investitionen in Betracht zu ziehen.

7. Fazit

Die detaillierte Betrachtung des Sparpotenzials zeigt, dass Minimalismus nicht nur eine Philosophie für ein einfacheres, zufriedeneres Leben ist, sondern auch erheblich zur finanziellen Freiheit beitragen kann. Durch die bewusste Reduktion von Wohnkosten, Lebensmittelausgaben, Transportkosten, Freizeit- und Konsumausgaben können Einzelpersonen und Familien Tausende Euro pro Jahr sparen. Diese Einsparungen summieren sich über Jahre hinweg zu beträchtlichen Beträgen, die wiederum für Investitionen, Rücklagen oder größere Anschaffungen genutzt werden können. Minimalismus bedeutet also, mehr von dem zu haben, was wirklich zählt – sowohl im materiellen als auch im immateriellen Sinne.

Du musst nicht auf alles verzichten damit sich dein Sparschwein freut, aber je weniger du umsetzt desto weniger kannst du zurücklegen!

Schlusswort

Liebe Leserinnen und Leser,
ich hoffe, dass dieses Buch Ihnen nicht nur einen Einblick in die faszinierende Welt des Minimalismus gegeben hat, sondern dich auch inspiriert hat, dein eigenes Leben bewusst zu hinterfragen und zu gestalten. Minimalismus ist weit mehr als das bloße Reduzieren von Besitztümern; es ist eine Lebensweise, die Freiheit, Zufriedenheit und – wie wir gesehen haben – finanziellen Wohlstand bringen kann.
Es erfordert Mut, gegen den Strom der Konsumgesellschaft zu schwimmen und sich für ein einfacheres Leben zu entscheiden. Doch die Belohnungen, die auf Sie warten, sind es wert: Ein klarer Kopf, weniger Stress, mehr Zeit für das, was wirklich zählt, und natürlich eine gesündere finanzielle Basis. Wenn du die Prinzipien, die ich in diesem Buch mit dir geteilt habe, umsetzt, wirst du nicht nur Geld sparen, sondern auch ein erfüllteres und bedeutungsvolleres Leben führen.
Ich möchte dir danken, dass du die Reise mit mir unternommen hast. Ich wünsche dir viel Erfolg auf deinem Weg zum Minimalismus und hoffe, dass die Erkenntnisse und Strategien aus diesem Buch dir helfen, deine Ziele zu erreichen. Denke daran: Weniger ist mehr – nicht nur in deinem Besitz, sondern auch in deinem Geist, deinem Herz und deinem Leben.
Alles Gute auf **DEINEM** Weg!

Dein Noah Schramm

www.ingramcontent.com/pod-product-compliance
Lightning Source LLC
Chambersburg PA
CBHW051533240526
45471CB00019B/1343